ROBERTO LUMBRERAS

INVENTARIO INVENTADO

Albert editor

INVENTARIO INVENTADO

texto
    ROBERTO LUMBRERAS

prólogo
    Laurie-Anne Laget

viñeta de cubierta
    Javier García

cuidado editorial
    Albert editor (www.albert-editor.com)

depósito legal
    M-25184-2024

ISBN
    978-84-128607-5-7

impresión
    imprimelibros.com

Índice

Inventar(iar) el mundo:
La mirada nueva de Roberto Lumbreras

> *«INVENTARIO: no se recuerda muy bien porque equivoca con invención. Inventario es lo que hace el escritor al inventar o inventariar.»*

Estas palabras, que podían haber sido escritas por Roberto Lumbreras, están recogidas en un manuscrito inédito de Ramón Gómez de la Serna —no de *Greguerías*, sino del "diccionario" personal que el autor fue componiendo a lo largo de los años—.[1] En él coleccionaba neologismos y palabras que le llamaban la atención para incluirlas en sus obras (lunigrisado, quimeral, vidamuerte; batiburrillo, tornasolado, zaquizamí), al tiempo que reflexionaba sobre el uso de las mismas ("Vergel: nombre ideal para una antología", "Ima-

---

[1] Las cuartillas que componen este diccionario se encuentran en la "Ramón Gómez de la Serna Collection", Special Collection Department, University of Pittsburgh Library System ("Diccionario manual", caja 63).

ginero: trasladarlo de escultor a inventor de imágenes poéticas", "Vanguardista: mejor vanguardista que retaguardista" o, en modo lúdico, "Hombre bebido, ¿quién se lo ha bebido?"), y, como era de esperar, ensayaba greguerías.[2] Todo ello, con la intención de "apreciar las relaciones insospechadas entre las cosas",[3] como en el caso del apunte sobre la palabra "inventario", que el feliz título que Roberto Lumbreras ha escogido para este libro viene a profundizar y resolver. Lo que Ramón señalaba como una "equivocación" entre dos lógicas ciertamente contradictorias (por una parte, la del recuento ordenado, similar a una definición que asigna un significado a una palabra, y por otra la de la libre creación, que abre todo un campo de posibles), queda aquí superado al unirse en un parecido (eu)fónico (la paronomasia rimada entre *Inventario* e *inventado*) que instaura una lógica poética o creadora (ya no analítica, porque se sigue la vía de la invención) y nos invita a re-

---

[2] Sirvan como ejemplos de las greguerías que aparecen en este "Diccionario" ramoniano las siguientes: "Albor: color del alba", "Arboretum: acuarium de árboles", "Carbón: luz fósil", "Desalojado: el desalojado eterno [es] el escritor", "El encopado (bebedor de copas)", "Utopía: todo está bien en la utopía, menos lo que significa (en ninguna parte)".

[3] Ramón Gómez de la Serna, "Las palabras y lo indecible", *Revista de Occidente*, n.º CLI, enero de 1936, p. 64.

interpretar el mundo para descubrirlo desde una mirada nueva.

Empezar este prólogo con una referencia a Ramón Gómez de la Serna era un tanto inexcusable, por ser Roberto Lumbreras un gran lector del autor de *Ramonismo* (1923), *El Novelista* (1925) o *Automoribundia* (1948). De hecho, en múltiples ocasiones ha reconocido lo decisivo que fue el descubrimiento de la obra ramoniana en el asumir su vocación literaria. Da fe de ello su primera obra, la multipremiada comedia en tres actos *Hasta que la boda nos separe* (2001), un exquisito homenaje al "escritor facundo y fecundo que fumaba en pipa cornucopia", en palabras del autor, y que Noël Valis describió como "un *tour de force* cómico que juega en serio con ese fuego constante que es poesía, que es Ramón Gómez de la Serna".[4] Esta obra nos interesa especialmente aquí porque incluía una primera serie de las que se conocían hasta el presente libro como *Greguerías después de Ramón (d. R.)*,[5] que el

---

[4] Noël Valis, "Prólogo", en Roberto Lumbreras, *Hasta que la boda nos separe / Until the Wedding does us part*, Madrid: Albert editor, 2013, p. 8.

[5] Una temprana selección de las mismas se podrá consultar en el *Boletín RAMÓN*, n.º 7, otoño de 2003, pp. 44-47.

protagonista (trasunto ficticio de Ramón) definía en el primer acto como "explicar un misterio con un nuevo misterio más profundo".[6]

Me parece significativa esta evolución en el título. Aparte del homenaje evidente, *Greguerías (d. R.)* tenía el interés de ser una variación sobre el título ramoniano, o sea, una palabra "eufónica", que parece un neologismo aunque no lo sea, y que remite a un lenguaje ininteligible, convirtiéndose así en una invitación a descifrarlo.[7] *Inventario inventado* añade una dimensión

[6] Roberto Lumbreras, *Hasta que la boda nos separe…*, 2013, p. 86. Los lectores y lectoras más atentos podrán reconocer en las siguientes páginas algunas de estas primeras greguerías-invenciones lumbrerianas, empezando por la que abre este *Inventario*: "El cubismo es el arte de hacer mal los puzzles".

[7] Ramón llegó a describir el efecto que buscaba a la hora de escoger este título: "Al encontrar el género, me di cuenta de que había que buscar una palabra que no fuese reflexiva ni demasiado usada, para bautizarla bien. […] Me quedé con la palabra ["Greguería"] por lo eufónica y por los secretos que tiene en su sexo" (*Total de Greguerías*, Madrid: Aguilar, 1962, p. 22). Como ha señalado Jackson, la palabra "greguería" comparte la misma etimología que "griego", entendido como lenguaje incomprensible (en "A New Literary Genre: the Greguería", *Books Abroad*, n.º 39 (4), 1965, pp. 415-417), lo que nos

interesante al poner el énfasis en el sutil equilibrio (es decir, la tensión dinámica) entre lo conocido —el inventario como acercamiento a la realidad; pongamos como ejemplo que a una flor, la orquídea— y el "misterio" creado por la invención, que nos obliga a abandonar la comodidad de la costumbre para abrirnos a una lectura nueva —en la que la orquídea se ha convertido en "una coreografía de mariposas", lo que nos invita a prestar atención de una manera totalmente nueva a la estructura tan peculiar y los colores de esta flor—. El título en sí es un juego de palabras que nos anticipa este componente del efecto de sorpresa que conllevan las greguerías-invenciones lumbrerianas. La intención es sorprender a los lectores y las lectoras mediante una asociación de ideas singular (por ejemplo, "Los murciélagos llenan la noche de presentimientos", "El coro mudo de los girasoles" o "En París está la Oficina Mundial de Patente de Ismos"). Así es cómo el propio Lumbreras formula este elemento central de su "Poética":

> Literatura debe ser fabulación. Hay que quitar realismo a la vida: sublimarla, refractarla, acelerarla y retardarla a placer, cambiarla de color, de olor y de sonidos, jugar con el enfoque y el

---

puede llevar a interpretar el título ramoniano como un reto propuesto al lector.

> desenfoque, amalgamar el lirismo y la ironía, girarlo todo, barajarlo, rebautizarlo. [8]

Todo en esta cita dice el cambio, la transformación (me llama especialmente la atención en este sentido la metáfora fotográfica del enfoque y desenfoque) y al mismo tiempo el placer de jugar con la percepción de la realidad ("jugar", "barajar"). Eso sí, esta transformación lúdica nunca es gratuita. Se trata de "rebautizar", buscando una coherencia creadora, que nos aleje del tópico y de la racionalidad consabida para dirigirse a nuestra imaginación. De esta manera el mar se convierte en "un croupier de playa que no cesa de soltar y recoger fichas de nácar". El desconcierto inicial nos atrapa (el mar-croupier de playa) y el desarrollo de la invención (que espera al final para revelar las fichas de nácar) nos convence, e incluso nos seduce al proporcionarnos este suplemento de placer que se experimenta ante un texto en el cual coinciden el hallazgo de una imagen nueva y la evidencia de su comprensión. Para mí, la clave del efecto de este *Inventario inventado* está en esa complicidad que se crea con los lectores y las lectoras gracias a la doble dinámica del inventar y del inventariar, siempre en tensión. Las palabras de las

---

[8] Fragmento de la "Poética" publicada en la página del autor en la web de la Cátedra Miguel Delibes, <https://catedramdelibes.com/autor/lumbreras-roberto/>.

greguerías rompen con la comodidad de la univocidad (el mar deja de ser esa "masa de agua salada que cubre la mayor parte de la superficie terrestre", según la paradójicamente insulsa definición del Diccionario de la lengua española); se vuelven impredecibles y escapan a toda lógica para burlarse de la gravedad de la vida.

Para conseguirlo Roberto Lumbreras multiplica los recursos literarios. El principal de ellos es, sin lugar a dudas, la analogía visual, que podemos observar en los ejemplos siguientes:

> De los besos que se tiran al aire nacen las amapolas.

> El Golden Gate es un puente puesto a secar.

> Cuando se agrupan las copas de champán en el brindis, el vino se vuelve a convertir en racimo.

Los pétalos de las amapolas comparten su color y forma con los labios carnosos de los besos tirados al aire, del mismo modo que los tallos alargados de las copas llenas de vino parecen recomponer en el brindis un racimo de uva. Estas analogías visuales confieren al texto una coherencia propia (nueva, inventada) que nos ofrece una visión renovada de los gestos más cotidianos.

Otro recurso es el aprovechar la materialidad de las palabras, como en estos cuatro ejemplos:

¡Cuidado con omitir la hache de la palabra alcohol, porque estaríamos escatimándole su esencial volátil!

El 4 es el número más napoleónico.

Mississippi: barco reflejándose en el río.

El destino no tiene tino.

Aquí, el texto literario juega con los sonidos y la forma de las letras y las palabras para sacar los objetos de su contexto habitual e invitarnos a adoptar este enfoque nuevo sobre ellos, que nos lo hace a la vez sorprendentes y re-conocibles.

Esta misma dinámica se aplica de forma más compleja y completa en las asociaciones de ideas creadoras que encontramos en este libro. Por ejemplo,

Día de playa: muchedumbre de Robinsones.

La niebla es el día de permiso que se toman los objetos de sus sujetos.

¿Qué hace la crisálida tanto tiempo en el capullo?: se prueba alas.

Todos estos ejemplos me parecen ejemplares del efecto que produce en nosotros el *Inventario inventado* lum breriano. Como lo ilustra la crisálida del último ejemplo, la sorpresa final sirve en realidad un proceso de revelación (en todos los sentidos de la palabra) que es lo que realmente está en juego en este *Inventario inventado*, y del que se nos da la clave desde la primera página del libro, en la segunda greguería-invención, que reza: "Cuando levanta la niebla se va revelando la foto Polaroid del paisaje". En todo momento se trata de redescubrir la realidad que nos rodea bajo una luz inédita.

Ha sido un auténtico privilegio para mí el haber podido leer en primicia la cuidadosa selección que por primera vez se reúne aquí. Ahora es a vosotros y vosotras, lectores, a quien toca perderse gustosamente entre las páginas de este *Inventario inventado*, sorprenderse ("Porrón y botijo, don Quijote y Sancho Panza"), encontrar esa página decisiva (porque "Cuando un libro se abre siempre por la misma página, es que tiene algo importante que decirnos") y, en todo momento, disfrutar del viaje imaginativo.

Laurie-Anne Laget
profesora titular de literatura española contemporánea
en la Universidad de la Sorbona

INVENTARIO INVENTADO

Dedicado a Ioana Zlotescu

"La escritura es una petulancia contra la muerte"

Ramón Gómez de la Serna

El Cubismo es el arte de hacer mal los puzles.

Cuando levanta la niebla se va revelando la foto Polaroid del paisaje.

"Mississippi": barco reflejándose en el río.

La luna matasella la noche y, como en todos los matasellos, a veces la impronta es íntegra, a veces parcial y a veces no hay rastro de matasellos.

El bandoneón sonará mejor si se toca con aires de Buenos Aires.

Los novios se besan como si quisieran ser siameses de lengua.

La pesadilla del joyero es que entre en la tienda un prestidigitador.

La armónica suena a acordeón con aparato de ortodoncia.

El canto tirolés consiste en soltar un trabalenguas en medio de la canción.

En caso de finalizarse la partida de ajedrez "en tablas", debería ganar el jugador que tenga más contorno de cráneo.

El niño al que se le estalla el globo llora desconsolada-
mente porque se le han revelado de sopetón los miste-
rios de la muerte y de la nada.

Los murciélagos llenan la noche de presentimientos.

Lava: camino que anda.

Lo de "menos es más" es lo que tiene locos a los mate-
máticos.

A veces el lago se aburre de su quietud y bosteza con
una onda.

Nuestra sombra juega a ser nuestro perro.

El 4 es el número más napoleónico.

El bandoneón es un cajón de archivos lleno de expedientes de inmigrantes.

Lo propio del millonario es ir fumando habanos, porque es lo que más lo asemeja a sus grandes fábricas.

La interminable manicura del arpista.

En esas indecisiones entre lluvia o nieve, surge la niebla.

La niebla es lo único que les baja los humos a los rascacielos.

Los insomnes escuchan la radio de la luna.

La samba da sudor y la bossa nova da saudade.

El murciélago no es más que un ratón exhibicionista.

La definitiva modernización del campo vendrá cuando se pueda leer en la ubre de las vacas: "self-service".

No hay verdadero tango si los bailarines no se contagian del bandoneón y bailan con su vaivén de sobresaltos.

El contrabajo pensaba que era el torpe de la orquesta, hasta que los chicos del jazz le enseñaron a bailar y hasta a dar vueltas.

Para que la luna esté tan blanca tienen que deshollinarla de murciélagos.

Dormir con almohada es lo que más nos distingue a los vivos de los muertos.

Deberían enterrarnos con el hueso articulado de nuestras gafas.

Compartía piso con su gato.

Fotografía artística es hacer una foto de un desnudo y titularla "Espiritualidad".

El reloj de bolsillo sueña con ser monóculo, y el monóculo con ser reloj de bolsillo.

El Golden Gate es un puente puesto a secar.

Efeméride del Banco Nacional: "Día de cámaras acorazadas abiertas".

Los conciertos a cuatro manos no funcionan con los niños prodigio, porque estos acaban peleándose por las teclas.

Si la niebla en la ciudad está muy cerrada, debería decretarse el "estado de niebla".

La noche con niebla es doble noche.

La niebla nos hace bucear en tierra firme.

La morsa es un perro que se ha tragado un trípode.

Tarjeta con teléfono enmendado: tarjeta de empresario venido a menos.

El xilófono es una vía de tren vista en perspectiva y, así, la tecla más pequeña da el sonido más lejano.

Queremos pesarnos en la balanza más precisa, pero nada más ver nuestro peso en ella comenzamos a hacerle trampas.

Bandoneonista: ascensorista de los altibajos del ánimo.

Debería incorporarse la coctelera a la orquesta sinfónica: sería ideal para el mambo y otros ritmos refrescantes.

Zurcir consiste en convertir un calcetín roto en un calcetín viejo.

Después del corte de agua los grifos se despiertan con un humor de perros.

En los coros del ejército ruso el bajo es el más condecorado como "voz más fiera".

El violín necesita un hombro donde llorar y el violinista le presta su hombro y también su pañuelo.

Todo bandoneón oculta dentro un yo-yó.

El celofán se muestra tan arisco y rebelde porque nos empeñamos en tratarlo como a un papel, cuando él quiere tratamiento de cristal.

El burro es un caballo con baja autoestima.

Cuando tocaba el piano con el metrónomo parecía que conducía su auto con el limpiaparabrisas encendido.

La noche es una película muy vieja con rayones de murciélagos.

Tiene que haber un eslabón perdido entre el peluche y el koala.

Bonnie & Clyde: empresa joven pero con un futuro poco prometedor.

La luna prefiere mirarse en el espejo de los rascacielos porque el espejo del mar le hace muchas arrugas.

Plenilunio: se han dejado abierta la mirilla del cielo y se ve la luz de una gran velada.

En la luna no levanta la niebla.

El verdadero arte dadá debe contener faltas de ortografía.

Aquel cuadro del eclipse era tan hiperrealista que había que verlo con gafas ahumadas.

Lo más importante en la pintura puntillista es tener bien afilados los pinceles.

Niebla: fuga de gas panteísta.

Cuando el mariscal lleva el bastón de mando bajo el brazo parece que está tomando la temperatura de su ardor guerrero.

Beso: confidencias íntimas en lengua bilingüe.

La gran cuestión de la música sinfónica: ¿es el director una marioneta movida por la orquesta… o la orquesta es un grupo de marionetas que mueve el director?

El canotier es el sombrero de campo de visita en la capital.

El xilofonista es el sibarita de los herreros.

Lo que ocurre con la brújula es que al principio nos puede parecer indecisa, pero si intentamos engañarla, vemos que más bien es de ideas fijas.

La prueba de que las sirenas existen es cómo las focas las imitan grotescamente.

El milagro de los panes y los peces estuvo bien; pero que la codorniz en pepitoria se comiese la guarnición, o que el plato de ancas de rana saltase huyendo del comensal, hubiera estado aún mejor.

Cuando el terrón de azúcar cae en la taza de café, el círculo cuadrado se resuelve, o al menos se disuelve.

Después del concierto al niño prodigio no le piden el bis sino el beso.

La niebla convierte todos los trayectos en un largo túnel de lavado.

Aquella tetería era tan genuina que los clientes leían la cuenta en los posos del té.

Parece que en el alfabeto ruso haya estallado la revolución.

Las manos del arpista parecen la pareja de aves en pleno cortejo.

Incluso el Neomodernismo acabará en la tienda de antigüedades.

El público cree que los golfistas juegan, pero en realidad son los socios que miden los terrenos de su próxima urbanización.

El oso perezoso vive en perpetua huelga de "brazos colgados".

El Grito de Munch provoca un "¡oh!" de admiración porque es un retrato con claque de "¡oh!" incorporada.

El paraguas es el globo del adulto.

Por ese punto suelto el jersey acabará desangrándose.

El Art Nouveau agotó todas las existencias de curvas y el Art Decó tuvo que arreglárselas con rectas.

La boda es una extraña película con los protagonistas en blanco y negro y el resto del reparto a todo color.

Al saxofón no le dejan formar parte de las orquestas serias porque haría reír a los demás instrumentos.

El aristócrata es el único ser que se lleva a la campiña sombreros de flores y colonia de lavanda.

La bombilla de vela la inventó un americano para su castillo escocés.

El violinista practica la ventriloquia de hacer llorar al violín; pero a veces, como a todos los ventrílocuos, se le nota que es él quien llora.

Sinopsis de la ópera *Carmen*: traducción imposible de "olé" por "oh làlà".

¡Cuidado con omitir la hache de la palabra alcohol, porque estaríamos escatimándole su esencia volátil!

La orquídea es una coreografía de mariposas.

En el ocaso se revela la película del día.

La cornucopia no es más que el cucurucho de la alta sociedad.

Rebajas de anticuario: "¡Hasta medio siglo de descuento!".

El tibor es el aristócrata de los recipientes: nació para la holganza y las recepciones.

El obelisco se hace el muerto: ¡así ha conseguido durar tantos siglos!

El tirolés canta y se contesta a sí mismo con ecos de altas cumbres.

No habrá peligro en la tormenta si se consigue enhebrar el rayo en la aguja del pararrayos.

La hiedra es el único tapiz que se teje solo.

Pasear al perrito es como volar una cometa, pero mirando al suelo.

El sifón es un grifo con nervio de camarero.

Al presuntuoso que nos da sus cinco números de teléfono habría que telefonearlo a los cinco al mismo tiempo.

Lo que más desconcierta y amedrenta a la fiera del látigo es que parece una serpiente pero dispara como una pistola.

En la gruta hasta la lluvia está detenida y sólo caen las gotas que resbalan por los paraguas colgados de sus estalactitas.

Abría su bolsito *clutch* como si fuese a repartir bombones.

Hay que sostener bien la copa de cóctel, porque la mezcla sale mareada de la coctelera y no guarda bien el equilibrio.

¿Qué fue antes: las palomas en las plazas o el turismo?

La caja de música tocaba una nana tan dulce que ella misma se iba durmiendo.

Lo que desea el arpa es que se le suelte el pelo a la arpista y tejan su amor en un contrapunto.

El director de orquesta llega al éxtasis cuando cree que es su batuta la que suena.

Lo difícil de tocar el bandoneón es hacer el flujo y reflujo de las olas sin derramar una sola nota.

Es mejor no abrir el bandoneón, pues es la caja de Pandora de los amores desgraciados.

El mar es como ese niño que siempre juega al mismo juego sin cansarse.

A veces el mar se enfada porque oye que nos aburren sus olas, y entonces crece un poco y nos moja la toalla.

Cuando el violín se quita el corsé se convierte en orondo laúd.

Cuando se agrupan las copas de champán en el brindis, el vino se vuelve a convertir en racimo.

Mozart era niño prodigio porque crecía más lento que la largura de sus teclados.

La arpista es la psicoanalista del arpa y comprueba en qué cuerda está escondida la disonancia del trauma.

El quinqué es una vela disfrazada de bombilla eléctrica.

Si todos los monjes budistas parecen ser el mismo es porque han llegado a la esencialidad humana.

A su edad seguía acicalándose durante todo el día para salir de noche; pero a las doce el maquillaje se le descomponía y tenía que regresar a toda prisa a casa.

El récord de la rúbrica más larga lo tienen los patinadores sobre hielo.

Así como se ayuda al pianista adulto a pasarle las hojas de la partitura, a la niña prodigio debería ayudársele a llegar a las notas más extremas.

Los jugadores de ajedrez se enfrentan frente con frente.

Al solista de piccolo le gritaríamos "¡abusón!".

Prescindió del reloj, y entonces su corazón comenzó a ir como un reloj.

No os miréis en espejos viejos, porque están llenos de arrugas que se añadirían a las vuestras.

En la caja de cerillas duermen volcanes larvados.

El cocodrilo provoca maremotos en los ríos.

La batuta es veleta cuando se mueve con las turbulencias de la orquesta.

No hay nada como el bandoneón para avivar con su aire caliente el fuego del tango.

El piano tiene una extraña escalera que se anda con los dedos y no lleva a ninguna parte.

Bailar pegado es besarse con el cuerpo.

El violoncelo quiere que le hagan las mismas carantoñas que cuando era violín: no se da cuenta de que ahora está muy grande y además le ha cambiado la voz.

Lo que más molesta al violoncelo es que lo llamen "cello" fuera de su círculo familiar e íntimo.

Para ser buen camarero hay que saber atender a varias conversaciones sin confundirlas.

Cuando leyó en el programa del concierto "música atonal", sospechó que le iban a estafar en los tonos.

El mar juega a atraernos a sus adentros lanzándonos continuos señuelos de caracolas.

En las horas punta de tráfico, Buenos Aires afina todos sus bandoneones.

A veces el desierto quiere ser pirámide pero se queda en duna.

Pie de fotografía social: "Trabajadores riendo porque es domingo".

El plátano es el único fruto que vuelve a ser flor cuando lo pelan.

Parece que el camarero nos pregunta la lección, nosotros dudamos y, al fin, decimos la respuesta y él nos pone la nota.

Lo que más nos asombra del camarero al pedirle la cuenta, es cómo reconstruye lo comido y bebido, resta servilletas y palillos, y obtiene el resultado del convite.

Cuando el progenitor increpa al hijo travieso con su nombre y apellidos, parece que va a iniciar el trámite de borrarlo del registro civil o al menos del libro de familia.

El placer del contestatario es entrar en los grandes almacenes por la puerta de "salida" y salir por la de "entrada".

En la noche estival los grillos reportan por teletipo todos los chismes de la urbanización

La playa amanece con los restos de la mariscada de Neptuno.

El probador de la tienda de moda es el confesionario de uno con uno mismo.

El músico del cajón era ese niño nervioso de las salas de espera.

¿Es la bandada de patos la que imita al banco de peces, o es a la inversa?

La magia del caleidoscopio es que suena a vidriera rota, pero dentro está la vidriera intacta y exhibiendo su perfecta geometría.

Al no poder superar los tatuajes que lucía la mariposa, acabó tatuándose la propia mariposa.

En el momento de afinación de los instrumentos, el director de la orquesta debería dirigirse al público para que tosiera por última vez hasta el final del concierto.

Lo malo del dodecafonismo es que se lo confunde con el cacofonismo

El tapiz es una alfombra puesta a secar y que alguien confundió con un cuadro.

El ventilador de techo se cree palmera: una palmera que, en lugar de dar sombra, da viento.

Los que cambian de voz al hablar por teléfono son ventrílocuos de sí mismos.

A los culturistas se les pone piel de edredón.

El sino del delfín es hacerse permanentemente el simpático para que no lo confundan con el tiburón.

En París está la Oficina Mundial de Patente de Ismos.

Día de playa: muchedumbre de Robinsones.

Si los camareros están siempre tan nerviosos es porque se beben a escondidas los cafés que han servido equivocadamente.

Al visitar una gruta siempre temía que cerrasen la puerta y no la abriesen hasta otra era.

El bastón de mariscal es la batuta para dirigir la orquesta de la batalla.

El monóculo es una condecoración que se lleva en el ojal del ojo.

El estoicismo se lo reveló al filósofo su burro.

Parece que el sino del pantalón de tirantes sea el de estar siempre tendido.

El cóctel nace en maremoto tropical y termina en plácida piscina.

Bandada de mariposas: arpegio mudo.

Los escaparates de los *delikatessen* son los bodegones modernos.

El barman hace el cóctel con artes de prestidigitación para que no descubramos su receta.

En las orlas de la promoción se echan en falta las caricaturas de los profesores y sus motes.

Los pingüinos ensayan la obra *Esperando a Godot*.

Los niños tienden a dejar sus construcciones en ruinas, pero los padres los conminan a que recojan hasta el último escombro.

Las personas falsas nos dicen por teléfono unas cosas mientras garabatean en un papel otras muy distintas.

En carnaval la Policía sospecha que los ladrones se disfrazan de ladrones para despistarla totalmente.

Al final de su vida el tubo fluorescente se despide con telegramas.

Toda la orquesta presta atención al arpa, como si ésta fuera el diapasón de todos los tonos universales.

El estilo Art Decó del Metro nació como reacción al estilo Art Nouveau de la gruta.

¿Es que un fruto con forma de cráneo como la nuez iba a contener algo que no tuviera forma de cerebro?

La felicidad del domingo nos la estropean las continuas acechanzas del lunes.

El hombre no es de donde nace sino de donde besa.

Cuando cruzamos los dedos, estos aprovechan para amarse.

Ese guiño pícaro equivale a una fotografía tirada sin permiso.

El bádminton es el tenis a cámara lenta.

Parece que el astronauta nos mire desde el interior de una lavadora.

El destino no tiene tino.

Lo malo del traje "tres piezas" es cuando en la sobremesa nos quedamos en chaleco y parecemos tahúres de un salón del Western.

Como usaba bolsos *clutch*, abría con soltura las ostras.

El "dale que te pego" es propio del martillo, así como el "erre que erre" lo es del serrucho.

Para pintar el mar lo mejor es la acuarela, siempre que se empape bien el papel y éste muestre un ondulado de oleaje.

Los pianistas pasan las hojas de la partitura con intriga por el final.

¡Cerrad la tapa de ese piano, no vaya a esconderse el conde Drácula!

Lo de la brújula sí que es cosa de brujas.

Era tan hermosa, que en su cutis los "puntos negros" parecían graciosas pecas.

Masajista: alfarero de la carne.

El nuevo rico compensa la falta de poso con el exceso de pose.

El verdugo de la guillotina era un fotógrafo que, en lugar de inmortalizar, mortalizaba.

Para refutar a Dios buscaba piezas de mármol con vetas repetidas.

Al gramófono se le ha quemado la crêpe y disimula cantando.

Los discos viejos de gramófono suenan con traqueteos del Orient Express.

El bombo de la lotería no es más que la rueda de la fortuna perfeccionada con las tres dimensiones.

Si el destierro es a un desierto, será mucho más destierro y con más desarraigo.

El psiquiatra le dijo que lo que le tenía desequilibrado no era la ciudad sino su piso Art Nouveau.

El hipocampo es un pez que se ha tragado un anzuelo demasiado grande.

Sospechamos que en los coros siempre hay quien finge que canta cuando en realidad canta el de al lado.

El trombonista es mitad músico y mitad fontanero.

La niebla es el día de permiso que se toman los objetos de sus sujetos.

La eutanasia es la ataraxia por la anestesia.

El disco de la luna busca el *pick up* del obelisco.

La luna es el paracaídas de todos los gatos.

Lema de la sociabilidad parisina: "Asisto, luego existo".

Sabemos que se dice "parisino", pero nos gusta decir "parisién" porque tiene una terminación más de París.

Había tanta niebla, que las chimeneas de las fábricas tuvieron que expulsar el doble de humo.

Se sospecha que quienes siembran amapolas en los trigales son los propios pintores impresionistas.

Lo que tiene tan alteradas a las letras rusas es que entre ellas hay un número infiltrado (concr3tam3nt3 3l **3**).

De los besos que se tiran al aire nacen las amapolas.

Atardecer: la hora de los paseos lentos y de las conversaciones quedas.

Por mucho que el serrucho imite la voz del violín, éste sabe que no se debe acercar a ese tiburón que le haría pedazos.

El afinador de pianos se finge intelectual, cuando es un mecánico bajo el capó alzado del piano.

Los genios de la moda son los adelantados a su tiempo… al menos en una temporada.

"Dinero llama a dinero"; y así, los ricos comen muchas ostras que deben de proporcionarles muchas perlas.

La guillotina fue la venganza contra quienes tiraban de una cuerda para que acudiese el servicio con la cabeza inclinada.

El contrabajo es un armario con forma de vestido.

Los grandes túneles de tren nos ahorran mucho tiempo, pero también nos roban mucho día.

Para recuperar el Edén habrá que juntar todos los zoológicos con los jardines botánicos y mandar a todos los humanos a Marte.

Se habla mucho de la actriz fetiche pero no de su director fetichista.

A veces la tormenta borra todos los colores del cielo y hay que llamar al Arco Iris para que vuelva a surtirnos de ellos.

La bohemia es cuando la adolescencia se prolonga y se hace crónica.

Andar impedido o andar renqueando es moverse a duras penas apoyándose en las muletas de la **p** y la **q**.

El mar es un croupier de playa que no cesa de soltar y recoger fichas de nácar.

En Las Vegas se hacen los homenajes guardando un minuto de oscuridad.

Pisapeles de nieve: caja de música muda.

El secreto de aquella perfumista era que probaba sus perfumes sobre modelos y no sobre el secante; lo que tenía un riesgo: el de enamorarse.

La noche era en blanco y negro hasta que en Las Vegas inventaron la noche en color.

El jazz y sus cadencias de decadencia.

Lo que enseña el reloj de arena es que la vida se nos va entre idas y venidas.

¿Y si el mundo no fuese más que la caja de música de Dios, una caja con cuerda sin fin, con miles de melodías y autómatas vivos?

Parece que la cebra se haya escapado milagrosamente de la parrilla.

Los gatos son testigos oculares de todos los asesinatos.

Visita al desván: mialgias de nostalgias.

La vaca lechera anda como con cuidado de no derramar la leche de sus ubres.

El arco iris es el pantone del panteísmo.

Se lió con su mayordomo, pero el domingo no podían hacer el amor porque él libraba.

La flauta travesera se toca de reojo.

Y, en el principio, los números y las letras vivían en la armonía del alfabeto romano.

El reloj de arena juega a las carreras de relevos consigo mismo.

El permiso de conducción más difícil de obtener es el de organista de catedral.

Lo importante es que el cabello del director de orquesta se mueva rítmica y armónicamente.

¿Cuándo se dará cuenta el coro de que si cantan todos a la vez no podremos entenderlos?

Si los tiroleses cantan vestidos de niños es porque entonan canciones pueriles.

El arpa tiene la costumbre de dormirse sobre el hombro del arpista porque éste la adormece con caricias de arpegios.

Las manos del arpista se hablan como una pareja en la visita carcelaria.

El amor universal se lograría si Cupido cambiara su arco por un arpa.

El koala es tan adorable que el eucalipto lo ha adoptado como fruto.

Lo ideal sería la trompeta-megáfono para que, además de la música, saliera la letra.

El reloj de arena es el antípoda de sí mismo.

Se habla mucho del perro policía, pero hay un mutismo absoluto sobre el gato espía.

La bossa nova es tan sugerente, que aunque se la escuche en disco, se pueden ver los labios del cantante.

El día del Juicio Final la niebla será negra y además no levantará.

¿Y si los murciélagos no fuesen murciélagos sino moscas prehistóricas?

París se culminó con la Tour Eiffel, porque hasta que no estuvo hecha esta torre no se pudo ver todo París.

La Tour Eiffel tiene algo de guardia de la circulación entre el gran tráfico de nubes parisinas.

Precisamente por no ser la torre de nada, la Tour Eiffel es la torre de todo París.

Los murciélagos son como ingenuos niños que quieren sorprendernos una y otra vez y todos con el mismo disfraz.

Se nota que los murciélagos no son pájaros en que vuelan al tuntún.

Como dormía entre tules, no le impresionaba la niebla.

Entró tan perfumada en el jardín chino que las camelias estornudaron.

Aquel jardín chino era tan armónico, que el viento sonaba a flauta, la tormenta a gong y la lluvia a chinchín.

El cóctel es una bebida "de autor" con un sonoro título de novela.

En el campo hay un despertador de luna con segundero de grillos.

Para tocar la gaita hay que saber ordeñar la música.

Todos los espejos palaciegos padecen de cataratas.

A veces la lira se esconde debajo del piano porque no quiere que su madre, el arpa, la mande a dormir.

Se ve que el pez no se resigna a ser mudo, pues no para de hacer ejercicios de vocalización.

El coco es un manantial fósil.

Lo que le da al patio más estilo es el peristilo.

Como su propio nombre indica, la música Martenot se hace con notas procedentes de Marte.

El *quid* del jardín chino es que el arroyuelo debe ser también regado.

No está claro si el solista Martenot es un electricista que juega con el piano o un pianista que juega con la electricidad.

El concierto Martenot es una sesión espiritista con un gran pianista del pasado.

El camarero apaga con extintores de soda todos los fuegos de la sed.

Lo más prodigioso de la naturaleza es cómo se transforma el hedor del estiércol en la fragancia de la rosa.

Hay que ver la habilidad y rapidez con que el arpista quita todas las pinzas del tendedero.

Quien sube andando las escaleras mecánicas le hace trampas al tiempo.

Nadie sabe para qué sirve el obelisco, pero nadie lo pregunta para no quedar como inculto.

El organillo siempre nos suena mejor de lo que suena porque siempre recordamos la niñez mejor de lo que fue.

La luna también tiene sueño y va recostándose progresivamente hasta salirse del plano.

Una mañana del veraneo la playa amanece llena de algas, como si el mar nos hubiese oído el comentario de "a nosotros nos gusta alternar el mar con el campo".

—¿Dónde están las cabezas cortadas de los maniquíes?

—En las sombrererías.

El tren llegó con tanta niebla a Londres que el factor de estación tuvo que recontar los vagones.

La mayor desilusión que produce la ópera es que la pareja del apuesto y la bella, resulta que no son los cantantes, sino simples figurantes.

Al hervir el marisco habrá un repentino brote de espuma como último estertor del mar.

La mirilla de la puerta nos hace pecar de prudentes, pues hasta nuestros adorables vecinos se ven a través de ella como malcarados y sigilosos delincuentes.

Rosa: raso rosa al raso.

Los camareros absorben toda la prisa de la ciudad.

La caja de música es una alegoría de la vida: comienza con tempo de polka y acaba con tempo de marcha fúnebre.

La rosa es una desmesura de delicadeza.

Las vacas de todos los establos sueñan con la utopía de la vaca suiza.

Los besos de pasión tienen escorzo en "x". Luego, con la rutina de la vida en pareja, los besos pierden fuerza y se ejecutan en un inexpresivo "=".

Se empeñan en bruñir el bronce de las estatuas, pero éstas siempre acaban mimetizándose con el verde del parque.

Por la lista del supermercado sabrán los arqueólogos futuros nuestra dieta.

Como hay tantas formas de labios, hay que besarse con muchos antes de encontrar los labios compatibles.

Fue un crimen tan perfecto que al final fue acusado el juez.

Ese momento en que el pavo real muestra todas sus cartas y todas son ases.

Los payasos solían finalizar la actuación tocando un instrumento, como diciendo al niño: "en la vida está muy bien hacer el payaso, pero debes tener también un oficio serio".

La balalaika es la guitarra congelada en el lago Baikal.

Pensar en las olas del mar ayuda a conciliar el sueño porque el mar moja, jabona y, si hace falta, restriega con arenilla los problemas.

El tango consiste en dirimir la discusión en la pista de baile, valiéndose de pataditas soterradas.

Un tango estará bien ejecutado si él se va oliendo al perfume de ella y ella al tabaco de él.

Subastar arte consiste en vender piezas del pasado a precios del futuro.

Se nota que el cisne está orgulloso de haber prestado su nombre a un ballet famoso.

En el andar de la gallina faltan fotogramas.

Del Puntillismo y el Cubismo nació el Pixelismo.

El coro mudo de los girasoles.

Crítica sobre pintura mural: "Algunos metros cuadrados están más logrados que otros".

Veía tantas exposiciones cubistas, que acabó con desprendimiento de retina.

Los cisnes son como esos adolescentes que se exceden con el rímel.

Las sombrereras y el resto de coquetas cajas redondas son las culpables del desperdicio de espacio en el planeta.

Todos los tendidos eléctricos conducen a la Tour Eiffel.

Exhaló y se le fue el alma con la hache.

Cada rosa es un ramo: ramo de pómulos maquillados.

Las grutas están llenas de grifos mal cerrados.

Los tapices son alfombras indultadas por su belleza.

La brújula es un reloj embriagado.

Cuando amanece con niebla se sorprende a la ciudad entre sueños.

Las tortugas nacen viejas y calvas.

Las letras rusas se miran unas a otras porque no entienden nada.

La porcelana tintinea con monosílabos chinos.

Los paisajes ventosos se pintan en cursiva.

Desde que se botan los barcos con champán, las olas traen un exceso de espuma.

Al japonés le entornó los ojos el sol naciente.

Los apagones son conatos del Día del Juicio Final.

Ya en vida Napoleón tenía porte de estatua ecuestre.

En los días ventosos naufragan los paraguas.

Fracasó como escritor porque se le ocurrían las mejores frases en plena ducha.

Las pinturas en el estuche "presentan armas".

Las espinas del pescado son los anzuelos de la venganza.

En resumen, la teoría evolucionista viene a decir que lo que ofreció Eva a Adán no fue una manzana sino un plátano.

El faro es una torre insomne.

En los restaurantes caros los comensales leen la carta como si estuviese escrita en árabe: de derecha a izquierda.

La adolescencia es el tiempo que tarda uno en encontrar su firma.

La visualización del perfume sería una estela en forma de gancho.

El ciprés ha juntado las ramas para rezar.

En el negativo fotográfico ven los blancos lo que tienen de negros y los negros lo que tienen de blancos.

El paraguas y la sombrilla: amor imposible.

Con la pata de palo anda el pirata como un compás.

Los patitos ya jugaban al tren antes de que se inventase.

Las farolas del parque son las sucursales de la luna.

Las boyas parecen notas en el pentagrama de las olas.

Eco: las palabras se despeñan.

—¿Qué hace la crisálida tanto tiempo en el capullo?
—Se prueba alas.

El colibrí roba a las flores con ganzúa.

No nos gustan las letras góticas porque son letras con espinas.

Las piedras-pómez son piedras de osario.

Nieve: lluvia en paracaídas.

Niebla, tiniebla blanca.

En el pliego de lija hay una noche estrellada.

Si buscamos en el diccionario "pioneumotórax", antes curiosearemos en "pionefrosis" y pioneumopericardio", de forma que al final olvidaremos consultar la palabra en cuestión.

El único conferenciante que no bebe agua es el borracho.

El cubismo es retratar con espejos rotos.

El momento más interesante de la conferencia es cuando el orador da un sorbo de agua.

El payaso gusta tanto a los niños porque tiene cara de tarta y nariz de guinda.

El payaso es un niño que se ha puesto la ropa de su papá y el maquillaje de su mamá.

Al payaso le queda grande la ropa porque dio al sastre las medidas del alma.

Debutamos como payasos al comer nuestro primer helado.

La "Torre de Pisa" es la única torre que, en lugar de elevarse, desciende.

La Torre de Pisa posa con afectación para los turistas.

Los que duermen en literas se plagian los sueños.

El Ecuador es la faja que le da el calorcito a la Tierra.

Al violoncelo le resbalan dos lagrimones en ese.

Las mujeres lánguidas usan pamelas y demás sombreros de ala caída.

Las mujeres en traje de novia tienen por un día la sombra blanca.

En la Eternidad hay crucigramas de mil palabras y los relojes tienen mil horas.

Tras la discreta puerta del órgano catedralicio está el pasadizo que lleva al "Más Allá".

El ballet es el arte de volar en el suelo.

El clímax del ballet es cuando la bailarina está a punto de transformarse en muñeca.

El reloj más curioso es el reloj de cuco, reloj que parece la máquina de fotos con el pajarito incorporado, sacándonos la instantánea de cada hora, de modo que si las revelásemos tendríamos la película de toda nuestra vida.

El sifón es el grifo emancipado y con negocio propio.

El agua del sifón es un agua fresquita que hierve.

Los puntos suspensivos nacen en las copas de champán.

Nos abotonamos la camisa con cuidado por temor al descarrilamiento de botones.

A los bonsais no se los poda: se les hace la manicura.

¡Hay que ver qué primorosamente tiene cortado el toldo su flequillo!

Los zapatos de charol se limpian con plumero.

El loro se burla de las palabras.

La gaita se toca en diferido.

Al escuchar un disco de vinilo oímos de fondo las arrugas del tiempo.

La única verdad indubitable y exacta es la hora en que se paró el reloj de nuestro antepasado.

Infusión: perfume que se bebe.

El abrazo definitivo lo da la mujer y con las piernas.

Con el toque de triángulo se salpimenta la sinfonía.

El director de orquesta es el único bailarín que baila con las manos.

La ópera es el teatro a cámara lenta.

Las manoplas nos convierten en mudos de manos.

Los delfines son agujas que bordan en el bastidor del mar.

Las estrellas fugaces son esos cohetes que no oímos explotar y sospechamos que se fugaron.

Entre el bosque de cedros y la mina de carbón hay una pradera donde crecen los lápices.

Las arpistas son tímidas y nos miran tras la celosía de su arpa.

Las claves de los pentagramas tienen unos atentos ojos con los que vigilan que no se mueva ni una nota.

En la otra vida la mujer de pelo lacio tendrá al fin el pelo rizado y la de pelo rizado lo tendrá lacio.

Cuando la mujer termina de pintarse los labios se los restriega en un auto-beso para comprobación de su besar.

El galgo tiene tipo art nouveau.

La manguera es una culebra de agua con el agua incorporada.

La puerta, con su mano de aldaba y su mirilla, no sabe que es manca y tuerta.

Aquel trío de cuerda parecía un velatorio: el violín lloraba, el violoncelo rezaba y el contrabajo se lamentaba.

Nadie sabe dónde ni en qué trabajan los gatos.

Universos paralelos son los cien relojes del palacio sonando cada uno en su tiempo.

La auténtica "vía láctea" es la constelación de perlas que lleva hasta los senos de la mujer.

La espada árabe mata con arabesco.

El soplete es un mechero que se cree manguera.

Hay playas multicolores para los ricos y playas grises para los náufragos.

Para que le fluyeran bien las ideas, se deshacía su moño de trenzas.

Se ve que a Leda le gustaba de niña bañarse con patitos; y luego, claro, Leda creció y los patitos también, y uno de ellos resultó ser cisne.

El conserje es un psicólogo pero sin secreto profesional.

Los agricultores son los que más surcos tienen en la frente.

Se compró un jacuzzi porque le gustaban los baños con soda.

Al entrar en el Metro, la prisa por llegar allá se convierte en prisa por salir de allí.

Los senos femeninos cabalgan incansablemente en busca del verdadero amor.

Lo primero que ha de domar el domador es su látigo, más rápido y peligroso que el propio león, y la causa de muchas de las heridas atribuidas a la fiera.

Se mareaba en los cruceros sólo con ver los vaivenes que marcaba el nivel de su cóctel.

En las barberías es en donde los hombres repostan la masculinidad.

Indefectiblemente llegará ese día desolador cuando la dama descubra que el acto de "pintarse" se ha convertido en el de "restaurarse".

La estalactita y la estalagmita son como esos dedos a punto de tocarse en el fresco de *La Creación*.

Las palomitas de maíz nacen en incubadora.

Sólo el sombrero de cóctel puede rivalizar en glamour con la copa de cóctel.

El pañuelo del traje masculino parece el pebetero con la llama de su pasión asomando.

Esa *femme fatale* ponía "ex libris" de carmín a todas sus conquistas.

En el cine las novias tenían la costumbre de cogernos de la mano, como si quisiesen poner a nuestro cuerpo la cara del galán protagonista.

Porrón y botijo: don Quijote y Sancho Panza.

La hamaca es la bañera para los baños de sol.

Las suites de los palacios carecen de puertas para que puedan conversar sus cien relojes.

Por los *shunts* de los baños nos llegan psicofonías de antiguas discusiones de parejas ya divorciadas o desaparecidas.

Lo que mejor marida es el café con la leche: amor a primera vista y mulato al instante.

La compatibilidad de Leda y el cisne residía en sus sinuosidades anatómicas.

La verdadera "jornada partida" debe estar partida por una siesta.

Aquella dama sentía que todo el glamur de su baño se iba por el desconchón en el esmalte de la bañera.

Cuando el cocinero se siente autor es al autografiar el postre con la manga del sirope.

El cruce de piernas femenino equivale al guiño masculino: ambos tienen ese fotograma rápido y subliminal que nos seduce sin remedio.

París es la única ciudad que produce nostalgia antes de conocerla.

La vida empieza con una velita de cumpleaños y acaba con un cirio de velatorio.

El British Museum es el Arca de Noé del patrimonio artístico mundial.

Cuando el enchufe está mal conectado, éste es inteligente y comienza a telegrafiar la incidencia.

Al entrar en el túnel, el tren hace el número de magia.

El Día del Juicio Final vendrá cuando todos los tubos de los órganos consigan apagar todas las velas.

Dios usa un monóculo triangular.

Como no tenía dinero para el pasaje viajó como mascarón de proa.

Tango: preludio de crimen pasional.

El tango es bailar y a la vez jugar a la rayuela.

Fracasó como "escritor maldito" porque escribía en servilletas de papel que se llevaban los camareros.

Cuando un libro se abre siempre por la misma página, es que tiene algo importante que decirnos.

Cuando el fumador enciende la pipa parece que está tocando la armónica.

Las estatuas de la antigüedad aparecen sin nariz porque ya habían comenzado a convertirse en esqueletos.

El punto más seco del desierto lo marca siempre el cráneo de una res.

Cuando el hospitalario dice eso de "donde comen dos, comen tres", deja abierta la puerta al milagro de la multiplicación de los panes y los peces.

El piano quisiera saber la razón de que le pisen determinado pedal y no otro, y sobre todo cuándo va a ser pisado, para no pillarlo desprevenido.

El beso es unir dos puertas para hacer una sola casa.

La Torre Eiffel es un monumento hecho con encaje de lencería francesa.

El surf es practicar rodeo, pero de pie y sobre un tiburón.

Al cómputo de la vida habría que descontarle el tiempo de los semáforos.

La femme fatale exhibe sus largas pestañas como una doble cola de pavo real.

La ballena es una isla con geiser incorporado.

No hay nada como el bandoneón para avivar con su aire caliente el fuego del tango.

Cuando Napoleón descansaba mano en pecho, en realidad posaba para la posteridad.

Las libélulas se creen helicópteros y rastrean el río en busca de supervivientes.

Cuando cantamos a boca cerrada ponemos banda sonora a nuestra vida.

Se dice "desposado" y no "esposado" para no espantar a los novios.

El primer "selfie" de la historia se lo hizo Velázquez en *Las Meninas*.

Después de la fiesta nocturna la cocina amanece con resaca.

La tarta con las velitas es un reloj que no marca las horas sino los años.

Donde realmente se ve que el latín es una lengua muerta es en las inscripciones de los mausoleos.

El abuelo del astronauta era ese buzo pescador de esponjas.

El fondo abisal son los bajos fondos marinos llenos de peces malcarados y retadores.

La gran treta de la humanidad es ir añadiendo días de descanso al domingo, y así, cuando todos los días sean de holganza, habremos recuperado el Paraíso.

Lo besaba tan ardientemente, que lo marcaba con lacre de carmín.

Cuando el borracho dice "la última", debería aclarar de qué serie.

Moler la pimienta es como darse cuerda a uno mismo.

Los más viciosos prefieren el narguile porque es como beber y fumar al mismo tiempo.

El mar intenta inútilmente atraparnos con sus redes de espuma rotas.

La rosa muere de alopecia.

Nos conmociona la polilla como si hubiera aparecido el vampiro de la ropa.

Los pintores rococó pintaban con pinceles de tocador.

El reloj de arena no tuvo futuro porque los primeros granos los daba con retraso y los últimos los daba con adelanto.

El día en que todos los relojes de arena se detengan, vendrá el fin del mundo y el último grano del último reloj pondrá el punto final.

Lo que le pasa al reloj de arena es que es un maniático perfeccionista.

La Æ son letras siamesas y sólo los filólogos saben separarlas.

El aristócrata con monóculo tiene algo de supervisor de vedettes.

Los fumaderos de opio son los autoservicios del psicoanálisis.

La rana bucea tan bien porque tiene un traje de neopreno muy bien ajustado.

El acordeonista y su camisa de fuerza musical.

Los niños con pasamontañas parecen monos.

La carrera del escritor llega a su fin cuando empieza a repetir el nombre de sus personajes.

Ravel compuso su Bolero como si hiciera un guiso: lo puso a dar vueltas y le fue añadiendo instrumentos.

La tumba contiene la radiografía tridimensional.

Meter una flor en un libro es cebar futuras nostalgias.

El gramófono es la cosechadora de la música.

Cuando la mujer se aclara el cuerpo con la ducha de teléfono parece la Venus que se está auto-esculpiendo.

Tanto engorda la vida en pareja, que se deberían celebrar las "bodas de plomo".

El abanico es el biombo de los senos.

Y el Creador aprovechó los restos sobrantes de otros animales para crear al ornitorrinco; y lo llamó con ese nombre extravagante para aprovechar las letras sobrantes de otros nombres.

Al cascar huevos en la cocina es cuando ponemos nuestro mayor empeño en la ecuanimidad.

¡Cuidado con los hilos blancos que se llevan pegados al vestido negro, pues no hay nada que deprecie y envejezca más a una prenda!

Los últimos fideos de la sopa no se dejan coger porque ya aprendieron la suerte de sus compañeros.

El triángulo se toca con una línea recta.

El órgano catedralicio transforma el aire en éxtasis.

Se evitarían muchas discusiones de pareja si el hombre supiera cuándo la mirada de la mujer es una pregunta y cuándo una respuesta.

Hay paraguas que de repente se sienten cometas y se nos escapan.

En el más allá los actores serán los autores y los autores serán los críticos.

Lo que delata al nuevo rico es la rapidez con que cuenta los billetes.

La música atonal se descubrió casualmente, cuando en medio del concierto se rompió una cuerda del piano.

El noble se ponía el monóculo como para aquilatar el rango de su interlocutor.

La vida social comienza cuando la mujer se unta con la esencia detrás de las orejas y termina cuando la mujer se quita los pendientes.

La *ballerina* es tan flor como mariposa.

Veranear es ir a una cita con el verano.

La luna ve el mar como un espejo de espejismos.

Cuando el perro ladra sin motivo es que está ensayando un nuevo ladrido.

La bailarina se cree volatinera sobre las cuerdas flojas de un pentagrama.

Lo que más le gusta a la música es que el organillero la saque en cochecito a pasear.

Tocaba la gaita escocesa como si tejiera el tartán para las faldas.

En el can-can cada bailarina levanta su propio telón.

Por tanta interrupción con las visitas, le salió a Picasso su primer cuadro cubista.

Cuando no hay luna en la noche las estrellas aprovechan para encandilarnos con sus guiños.

A Nefertiti la inmortalizaron en el secador de la peluquería.

El tranvía es la cremallera de la urbe.

Lo que le dijo el deseo al pudor: "Los tonos de nuestro rubor son de origen muy distinto".

El verano huele a ropa tendida.

El reloj de bolsillo es la moneda reservada para pagar la cena si se nos olvida la cartera.

La expresión "parece cosa de brujas" hoy sería "parece cosa de física quántica".

Lo que más une al matrimonio es la liturgia de doblar las sábanas.

La frustración de la rosa es que, a pesar de tantas alas, no pueda levantar el vuelo.

Los monos del zoo creen que somos sus antepasados por cómo nos reímos de sus simplezas.

Cuando se empañan las ventanillas del tren se produce el "eclipse de paisaje".

La flor más rápida en florecer es el plumero saliendo de su funda.

El pai-pai lleva en su propio nombre las instrucciones de uso.

La lombriz se mueve como si escribiese el alfabeto árabe.

Esos niños traviesos que agitan con malicia las gaseosas saldrán agitadores de masas

Como los negros no tenían dinero para partituras inventaron el jazz.

Lo que va mejor con los guantes largos es fumar con boquilla larga.

El jazz es tocar en blanco y negro.

Al japonés le gusta el pescado crudo y el jardín muy hecho.

La armónica es tan tímida, que le advierte a su músico: "si no me tapas, no hay beso".

En el fin del mundo todos los hipocampos saldrán del limbo de su pisapapeles.

Es absurdo fabricar ranas de cuerda, porque todas las ranas son juguetes de cuerda que saltan a los cinco o a los diez segundos, dependiendo de la cuerda que tengan.

La salamandra no es más que una rana que se ha tragado una serpiente.

Lo malo de las obras para piano a cuatro manos es que los pianistas acaban llenos de pisotones.

La radiografía es el "spoiler" de la biografía.

Por si no estaba claro el narcisismo del cisne, sólo hay que verlo cuando se va a besar y sumerge la cabeza.

Los reactores ponen vetas blancas al lapislázuli del cielo.

La vejez llega ese día en que vas a comprar el perfume de toda la vida y el dependiente te dice: "lo siento, pero su perfume ha dejado de fabricarse".

Jubilarse es volverse bohemio en los horarios.

Las siete musas deberían tener nombre de francesa o de rusa.

Los teléfonos de campaña en realidad no funcionan, pero sirven para subir la moral de la tropa, cuando el telefonista finge hablar a gritos: "¿Y dice que mañana mismo nos llegan los refuerzos? ¿Y que nos traen cien mil chocolatinas para nuestros muchachos?".

La aspirina juega sobre seguro porque si no hace efecto con una mitad lo hará con la otra.

En el divorcio están los mismos celebrantes, pero hay cambio de juez y de padrinos.

Hay una mortal caída de lápiz que produce la hemorragia imparable de su única vena.

Se diría que la palmera es un árbol que finge ser flor.

La genial perfumista detectó que aquel jazmín Sambac no había sido cortado en noche de luna llena sino de luna nueva.

La bella dama tenía el tic de llevarse el collar de perlas a la boca, como devolviendo la perla a la ostra.

Esa pierna que saca la mujer de la bañera parece un cisne retozando con su Leda.

Sobre el aspa del molino, Don Quijote inventó la noria de feria.

El descote femenino parece indicar: "más información en el interior".

La cebra lleva el mapa de todos los ríos y afluentes de África.

La música dodecafónica consiste en tocar con partituras barajadas.

La radiografía es la verdadera "foto finish".

Sólo los culturistas se empeñan en demostrar que el acto de estirarse es sexy.

Después de cada beso, la femme fatale vuelve a darse el *rouge* para borrar toda huella de compromiso.

Los castillos de naipes se hacen con números romanos.

Sólo hay algo más bello que un ramo de rosas: una sola rosa.

Los números romanos sobre las lápidas parecen esqueletos de números.

Artista es el que no duerme mientras sueña.

Se llama "frenesí", pero no cuestión de freno, sino de aceleración.

Lo que al desahuciado por tabaquismo le gustaría saber es cuántas cajetillas le quedan de vida para poder administrarse.

La pecera es un reloj de agua con manecillas de carpas y segundero de burbujas.

Las horas funestas no las dan los cucos sino los cuervos.

Sólo en días de eclipse vuelve la moda del monóculo.

Aquella novia era de familia tan rica que en la boda hubo hasta novio suplente.

El buzo es el Quijote que cree que el mar es el cielo.

Aquel doble empleo como clarinetista en la Philarmónica y saxofonista en la *jazz band*, le produjo un trastorno de doble personalidad.

El cisne es un grifo que nada en su propia abundancia de agua.

La ballena de Jonás inauguró la primera línea de ferris.

Las gárgolas de Notre-Dame están ya muy vistas y por eso anhelan la noche de niebla para volver a dar miedo.

En los días de niebla es cuando el pasado visita al presente.

Con la niebla el mundo vuelve al origen: cuando todo era aún mero boceto.

Con la niebla las motos se creen aviones.

Con la niebla florecen las farolas.

La niebla es humo húmedo de un incendio frío.

Niebla: las nubes se escapan del redil y bajan a curiosear a la ciudad.

La niebla es un bombardeo de paz blanca y quieta.

En la noche de niebla las campanas de iglesia juegan a ser campanas de barco.

El Tour de Francia debería pasar por debajo de la Tour Eiffel.

Si los esposos rompen su foto en la Tour Eiffel, el matrimonio estará roto sin solución.

Los murciélagos no tienen sombra porque ellos son las propias sombras: las sombras de la noche.

Si en vez de contar ovejas para dormir nos ponemos a contar murciélagos, no sólo no pegaremos ojo, sino que nos levantaremos con un tic nervioso.

La noche es una película muy vieja con rallones de murciélagos.

Hay que aprovechar la luna llena para calibrar todos los compases.

El toque de queda de la queda luna.

Los murciélagos huyen de la luna como las polillas de la bola de alcanfor.

A la luna le han dado plantón.

Rebanada a rebanada se va consumiendo la luna.

Titular sensacionalista: "Roba al banco para pagar la hipoteca".

El paraguas parece un sable, pero cuando se abre, se revela escudo.

El frasco de perfume es un joyero lleno de una sola joya.

Las perlas negras y el caviar son parientes que se reencuentran en cada fiesta de la *high society*.

La taquigrafía produce taquicardia.

Mirar la pecera relaja porque el agua tiene la virtud de amortiguar el tiempo.

Se olvida la caridad de informar al mendigo de los días feriados para que descanse.

Titular poético: "La exhibición paracaidista llenó el cielo de medusas".

Columpios: campanas de la risa.

Cada tango siempre es el último tango, pues suena a despedida no asumida y a desesperado intento de convencer al *partenaire* de que no se vaya en el barco.

Los anillos que se van por el lavabo acaban en los dedos de las sirenas.

La emisora más difícil de sintonizar es el agua templada de la ducha.

Los parisinos cuentan los días por baguettes; y así, el año tendría 365 baguettes.

Lo que sucede con las parisinas es que hacen oposiciones a musas.

Cena en el Lido: empacho de carne.

Los parisinos se alimentan como hablan: muy bien, pero en diminutivo.

El sueño del parisino es pasear en blanco y negro, al tiempo que los forasteros lo hacen en colores chillones.

La elegancia de pasear por París consiste en llevar la baguette como si fuera un complemento.

Watteau pintaba jardines japoneses con ninfas de París.

Lencería de París: desvestidos de alta costura.

París: amor a primera foto.

La próxima revolución parisina será contra la clase turista.

Titular de Le Monde: "Cada veinte minutos, un genio solicita asilo artístico en París".

Anhelo parisino: ¡la vida debería estar hecha sólo de piezas únicas!

En París los perritos arreglan las bodas de sus amos.

El chic parisino se consigue tras muchos ensayos de naturalidad.

Moda de verano en París: se lleva el buen humor.

París es una mujer vestida a la última leyendo un libro de viejo.

INVENTARIO INVENTADO

se acabó de imprimir
en el mes de septiembre de 2025
en Madrid,
y se tiraron 100 ejemplares

número *88* de 100